IT'S IMPOSSIBLE T[...]
WHEN YOU'RE

YOU MAKE ME SMILE BECAUSE...

YOU HAVE THE BEST SENSE OF HUMOUR

YOU MAKE ME SMILE BECAUSE...

YOU KNOW HOW TO BRING THE FUN

YOU MAKE ME SMILE BECAUSE...

YOU SPREAD JOY WHEREVER YOU GO

YOU MAKE ME SMILE BECAUSE...

YOU MAKE ME SMILE BECAUSE...

YOU'RE ALARMINGLY CHARMING

YOU MAKE ME SMILE BECAUSE...

YOU MAKE ME SMILE BECAUSE...

YOUR SOUL SHINES

YOU MAKE ME SMILE BECAUSE...

YOUR
HEART IS
SO BIG
AND FULL
OF LOVE

YOU'RE A FORCE TO BE RECKONED WITH!

YOU MAKE ME SMILE BECAUSE...

YOU DON'T CARE WHAT OTHERS THINK OF YOU

YOU MAKE ME SMILE BECAUSE...

YOU'RE STRONG AND BRAVE

YOU MAKE ME SMILE BECAUSE...

YOU BRING OUT THE BEST IN ME

YOU MAKE ME SMILE BECAUSE...

YOU MAKE
ME SMILE
BECAUSE...

YOU UNDERSTAND ME LIKE NO ONE ELSE DOES

YOU MAKE ME SMILE BECAUSE...

YOU MAKE ME SMILE BECAUSE...

YOU ALWAYS MEAN WHAT YOU SAY

YOU MAKE ME SMILE BECAUSE...

YOU'RE ALWAYS SUPPORTIVE, EVEN WHEN WE DON'T AGREE

YOU MAKE ME SMILE BECAUSE...

YOU ALWAYS GIVE GOOD ADVICE

YOU MAKE ME SMILE BECAUSE...

Your personality
is like a shower of
sparkles and glitter

YOU MAKE
ME SMILE
BECAUSE...

I KNOW
I CAN
TRUST
YOU

YOU MAKE ME SMILE BECAUSE...

YOU MAKE
ME FEEL LIKE
I CAN DO
ANYTHING

YOU MAKE
ME SMILE
BECAUSE...

YOU MAKE
ME SMILE
BECAUSE...

THERE'S NO ONE QUITE LIKE YOU

YOU MAKE ME SMILE BECAUSE...

YOU MAKE ME SMILE BECAUSE...

YOU KNOW ALL THE ~~WORST~~ BEST JOKES

YOU MAKE ME SMILE BECAUSE...

WE MAKE AN AMAZING DOUBLE ACT

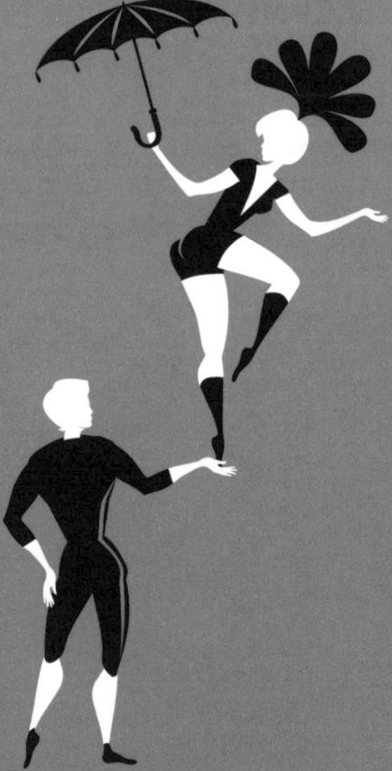

YOU MAKE
ME SMILE
BECAUSE...